Pe. Fábio Evaristo, C.Ss.R. (org.)

Orações na Dor e no Sofrimento

EDITORA
SANTUÁRIO

Direção editorial: Pe. Fábio Evaristo R. Silva, C.Ss.R.
Coordenação editorial: Ana Lúcia de Castro Leite
Copidesque: Sofia Machado
Revisão: Luana Galvão
Diagramação: Bruno Olivoto

**Dados Internacionais de Catalogação na Publicação (CIP)
de acordo com ISBD**

O63 Orações na dor e no sofrimento / organizado por Fábio Evaristo. - Aparecida, SP : Editora Santuário, 2020.
80 p. ; 15cm x 15cm.

Inclui índice.
ISBN: 978-85-369-0626-3

1. Cristianismo. 2. Oração. 3. Dor. 4. Sofrimento. I. Evaristo, Fábio. II. Título.

2020-206 CDD 242.3
CDU 243

Elaborado por Vagner Rodolfo da Silva - CRB-8/9410

Índice para catálogo sistemático:
1. Cristianismo : Oração 242.3
2. Cristianismo : Oração 243

1ª impressão

Rua Pe. Claro Monteiro, 342 – 12570-000 – Aparecida-SP
Tel.: 12 3104-2000 – Televendas: 0800 - 16 00 04
www.editorasantuario.com.br
vendas@editorasantuario.com.br

Sumário

O cristianismo é a única religião que fala de um Deus, que sofreu uma terrível catástrofe por amor a nós – a crucifixão e a morte. Portanto, deve o cristão, no meio da catástrofe, ir até os pés da cruz e lá encontrar respostas que não podem ser dadas por nenhuma outra fé religiosa. Todas as religiões tentam enfrentar a catástrofe; todas falam do mistério do sofrimento e do mal. O cristianismo convida você a partilhar o peso de sua catástrofe com uma Pessoa, que é nosso Salvador e Redentor.

Este livro foi pensado para todos os que têm sofrido uma grande dor ou sofrimento em sua vida, como também para todos os que estão junto dessas pessoas e partilham de seu profundo sofrimento. A dor acontece na vida de todos, mas a catástrofe sobrevém apenas na vida de alguns. Essas dores imensas podem vir de vários modos e com efeitos devastadores.

Aqui estão reunidas diversas orações para serem rezadas em tempos de aflição, ajudando todos a aumentarem a fé na providência divina, na bondade e misericórdia de Deus, à luz da paixão e morte de Cristo.

* * *

Se você é uma pessoa que sofreu o horror ou a catástrofe, posso encorajá-lo a ler e rezar a seleção de orações dada aqui, sobretudo o "Hino ao Espírito Santo"? As citações e orações que estão aqui vão lhe dar o que pensar.

Se você é uma pessoa que não passou por horror ou catástrofe, mas está ajudando alguém nessas condições, ou está se preparando para uma eventual catástrofe em sua própria vida e quer enfrentar essa realidade, que pode acontecer a qualquer hora, será bom você ler e meditar esta seleção de orações e citações bíblicas. Não se trata apenas de ler, é preciso rezá-las e lê-las devagar, repetidamente.

Há uma diferença entre sofrimento e catástrofe. Toda catástrofe ou horror é sofrimento. Mas nem todo sofrimento nem toda catástrofe é a mesma coisa. Penso que as meditações sobre os sofrimentos de Cristo, contidas na seção de orações, que começa agora, vão ajudar você a enfrentar as catástrofes que podem surgir no caminho de qualquer um de nós. Elas podem ajudá-lo a ser um amigo prestativo e compassivo para seus entes queridos que enfrentam essa adversidade na vida.

Orações na dor
e no sofrimento

Oração em tempo de necessidade extrema

Pai Celeste, sabemos que providenciaste para nós todas as coisas boas que temos em nossa vida. Tua providência abrange o mundo inteiro e o número imenso de seus habitantes. Eu me encontro hoje em necessidade extrema. E teu Filho nos disse: "Pedi e recebereis, procurai e achareis, batei e vos será aberta a porta". Eu não conheço nem entendo o presente, muito menos o futuro. Devo colocar esta necessidade inteiramente em tuas mãos. Sei do que eu penso necessitar. Sei o que eu penso que vai ser a resposta. Mas Tu, em tua providência divina, em tua mente onisciente, sabes qual deve ser a resposta em última análise. Confio em ti. Em meu desespero, peço-te que me dês o teu Espírito Santo para que eu continue confiando em ti, para que eu vá em frente, para que eu dê o próximo passo na direção certa. Com tua graça, vou suportar o que devo suportar. Vou crer e esperar, por meio disso, todo o bem que vais trazer para mim, para meus entes queridos e para teu plano de salvação para o mundo. Confio em ti. Dá-me a graça de continuar confiando. Amém.

Oração a Deus Pai em tempo de catástrofe

Pai Celeste, sabemos que criaste a vida para ser uma bênção para todos nós, para ser uma preparação para uma vida ainda maior, vida eterna que nos prometeste. Mas agora eu me encontro no abismo mais escuro. Uma incrível catástrofe aconteceu comigo e com meus entes queridos. Estou completamente confuso pelo que aconteceu, e isto poderia abalar minha fé e minha esperança.

Pai querido, manda-me teu Espírito Santo para me fortalecer neste tempo de grandes trevas. Ajuda-me a ver as possibilidades de uma restauração da alegria neste sofrimento terrível. Põe diante de meus olhos os sofrimentos de Cristo e sua gloriosa Ressurreição. Queria perguntar-te por que deixaste acontecer isto, mas isto é um mistério e perguntar só pode levar à amargura. Ajuda-me, Pai Santo, por teu Espírito Santo, a dizer das profundezas de meu coração que eu confio que darás a mim e a meus entes queridos graça e coragem: passado esse sofrimento, vais restituir-nos a vida, vais dar-nos esperança agora e na vida eterna. Coloco-me completamente nas mãos de Jesus Crucificado e Ressuscitado. Suas mãos ainda trazem as marcas dos cravos. Ajuda-me, então, a superar essa dificuldade. Ajuda a todos nós voltarmos a uma vida em que tua providência e tua presença se possam ver mais facilmente, vo-lo peço por Cristo, nosso Senhor. Amém.

Oração a Jesus em tempo de catástrofe

Senhor Jesus Cristo, sabemos que em tua vida terrestre suportaste os piores sofrimentos. Tendo feito somente o bem em tua inocente e santa vida, foste condenado a uma morte terrível. Sofreste a torturante dor de ver tua Mãe e teus amigos passarem por aquele horror contigo. Suportaste, ao mesmo tempo, a covardia e a traição de teus apóstolos. Estou procurando desesperadamente, em minha necessidade presente, encontrar algo em que me apoiar, algo em que me agarrar, e encontro a tua Cruz. Ó Senhor Jesus Cristo, pela graça do Espírito Santo, que nos mandaste, dá-me a Cruz que me sirva de apoio. Dá a Cruz como minha guia e também minha luz nestas trevas. Não sei qual será a solução. Não sei qual será a resposta, mas creio e confio que me guiarás nestas trevas e que, livre delas, me trarás bênçãos e esperança. Amém.

Oração de um doente em estado grave

Pai Celeste, deste-me minha vida, com todas as suas horas, todos os dias e anos. Tu me deste bastante saúde para prosseguir, mesmo se, às vezes, fiquei doente e incapacitado. Agora me encontro em uma situação perigosa. Minha saúde pode fraquejar. Com efeito, pode ser que minha vida esteja chegando ao fim. Mais cedo ou mais tarde, ela cessará. Dá-me teu Espírito Santo para me fortalecer e, sobretudo, para manter diante de meus olhos a realidade de que todos estamos em uma caminhada, que a saúde física é uma coisa passageira, uma grande bênção quando a possuímos, mas que não deve durar. De fato, não pode durar para sempre. Dá-me a graça para o dia seguinte, a hora seguinte e ajuda-me, mesmo no meio da dor e do sofrimento, a acreditar em tua providência e em teu cuidado. E assim serei capaz de te encontrar em meus sofrimentos como teu Filho divino te encontrou em seus sofrimentos. Peço isso por Cristo, nosso Senhor. Amém.

Oração a Jesus em uma doença grave

Ó Cristo, meu Salvador, no final de tua vida física, teu corpo estava dilacerado. Experimentaste tortura e sofrimento extremos. Nesta fase de minha vida, estou em grande sofrimento e apavorado com o que vem pela frente. Eu me volto para ti, como estavas no Jardim das Oliveiras rezando e agonizando. Eu me volto para ti na Cruz, quando estavas morrendo, e te peço que, se for esta a vontade divina, que eu volte para meus deveres e minha vida. E, se não for, peço-te que venhas comigo para me dar paz enquanto passo desta vida para a outra, para uma vida em que não há mais luto, nem choro, nem sofrimento. Confio em ti. Bom Pastor, chamei por ti em toda a minha vida. Agora, estende teus braços e coloca-me neles. É o que te peço, ó Cristo, nosso Senhor. Amém.

Oração a Nossa Senhora em uma doença grave

Virgem Mãe de nosso Redentor, foste dada a nós no Calvário para ser nossa Mãe. Através dos séculos, inúmeras pessoas te invocaram em casos de doença e necessidade. Tu mesma suportaste grande sofrimento durante a vida de teu Filho e, sobretudo, quando a vida dele estava se consumindo como uma chama acesa. Tu confiaste e viste a Ressurreição. Venho a ti, ó Virgem Maria, em minha doença e rezo por todos os que estão doentes hoje em todo o mundo. Rezo especialmente por aqueles que não sabem a quem recorrer e que não têm esperança. Sou grato por poder dirigir-me a teu Filho e a ti para intercederes por mim e segurares minha mão enquanto atravesso este período doloroso. Se for da vontade de Deus, que eu recupere a saúde e continue minha vida. Mas, se este deve ser o fim, ajuda-me a vivê-lo na graça, rumo a um belo recomeço, que Cristo nos prometeu. Eis o que te peço, ó Virgem Maria, a ti e a teu Filho, Cristo, nosso Senhor. Amém.

Oração a São José pelos gravemente doentes

Ó São José, conhecemos pouco de tua vida, mas sabemos que eras um homem justo e que cuidaste daquela Sagrada Família confiada a ti. Através dos tempos, os cristãos te invocaram para te pedir uma boa morte. Certamente Jesus e Maria estavam contigo em tuas últimas horas. Eu te peço, São José, nesta grave doença de minha vida, dá-me coragem e força e roga por mim para que eu obtenha essa graça. E, se for esta a hora em que devo deixar este mundo, eu te peço que venhas em meu auxílio e me acompanhes com Jesus e Maria, enquanto eu faço a breve passagem desta vida para a outra. Sei que devo ser purificado de meus pecados e minhas falhas, mas confio plenamente que Deus terá misericórdia de mim e que com Maria rogarás por mim e me acompanharás ao atravessar as portas que deste lado parecem portas de morte, mas, do outro lado, são as portas da vida eterna. Amém.

Oração em tempo de desastre natural

Pai celeste, tenho vivido em teu mundo e gozado de suas maravilhas. Eu me encanto com a beleza do que criaste – o céu, a terra, o mar. Tenho apreciado a mudança das estações, as manhãs e as tardes. E agora tenho a impressão de que o mundo físico se voltou contra mim. Eu me sinto esmagado pelo poder destruidor existente no vento e no mar, na chuva e na própria terra. Tua providência permite que eu sofra esse cataclismo terrestre, que eu sofra a perda de muitas coisas, talvez até algum ente querido nessa estranha tempestade da natureza. Sinto-me traído pela própria terra onde moro, pelo vento, mar e pelas tempestades. Mas eu peço que teu Espírito Santo me dê coragem para prosseguir, para juntar os cacos e recomeçar. Foi por algum motivo que me permitiste ter parte nesse cataclismo, nesse desastre. Agora, que eu possa, com a força e a coragem dadas pelo próprio Cristo por meio do Espírito Santo, restabelecer as coisas como eram e melhor ainda do que eram antes. Dá-me a graça de não perder a coragem e de ir adiante. E, se meu lar terreno estiver em ruínas, que eu sempre me lembre de que Cristo preparou para nós um lar celeste, que nada nos arrebatará. Amém.

Oração na morte de um ente querido

Senhor Jesus Cristo, venho a ti para chorar a morte de alguém muito caro para mim. Como seria terrível e definitiva para mim esta morte, se não tivesse esperança! Mas tu me deste esperança e prometeste que virás para nos levar para onde estás. Tu nos pedes que nosso coração não se perturbe nem se encha de medo e nos prometeste a casa de teu Pai. Em meu desespero, em meu sofrimento, em minha dor extrema, volto-me agora para essa promessa. Não tenho outro apoio para me sustentar. Como sou grato por ter fé e esperança baseadas em tuas santas palavras, e confio que me guiarás por meio desse vale escuro, para que, de novo, eu possa encontrar em teu Reino aqueles que me são caros. É o que te peço, ó Cristo, nosso Senhor. Amém.

Oração em tempo de suicídio

Senhor Jesus Cristo, não tenho outro lugar aonde ir, senão me ajoelhar aos pés da Cruz. A morte de alguém tão querido para mim desta maneira terrível me deixa completamente confuso e desorientado. É tão penoso! Sou assediado pelo pensamento de que eu poderia ter feito alguma coisa, que eu poderia ter evitado esse terrível desastre. Mas não sei. Devo confiar a ti meu ente querido. Não há outro lugar aonde ir. Coloco em tuas mãos meu ente querido, que agora me foi tirado pela fraqueza da mente humana, pela incapacidade de enfrentar as dificuldades da vida, pelas feridas da doença mental. Confio inteiramente em ti, que hei de ver de novo aqueles que morreram dessa forma. Confio que, pelo teu precioso sangue e pela tua divina misericórdia, nos últimos instantes da vida, tu os recebes, entendendo que eles foram derrotados pela vida e que, de nenhum modo, quiseram ir contra a tua vontade e tua lei. Ajuda--nos, Senhor, a encontrar-te nestas trevas e a crer em tua Cruz. Amém.

Oração em tempo de assassínio

Ó Senhor Jesus Cristo, crucificado e morto como o homem mais inocente que jamais viveu sobre a terra, venho a ti nesta hora do incrível e impensável assassínio de uma pessoa a mim muito querida, que não merecia ser vítima de tão horrível crime. Ó Senhor, ajuda-me a enfrentar o que aconteceu, embora eu talvez nunca o compreenda. Se eu não acreditasse que esperas por nós no outro lado da morte, eu talvez não teria forças para continuar. Mas eu creio que tu, que também foste assassinado, és misteriosamente o patrono dos que são mortos injustamente. És aquele que os conduz por tua santa Cruz. Nunca pensei em ti antes com esse título, patrono dos injustamente mortos, mas é isso que tu és. Através dos séculos, teus mártires na hora da morte confiaram em ti e os milhões de seres humanos mortos de tantos modos perversos voltaram-se para ti em busca de esperança em seus últimos momentos. Confio a ti meu ente querido. Todos nós sabemos, ó Senhor, que esta vida é cheia de injustiça, de maldade, que vem do Maligno, e da malícia da vontade humana extraviada. No meio de todas essas trevas, dessas impenetráveis trevas, volto-me para ti com esperança. Dá-me a graça de ir em frente. Dá-me a graça de crer. Dá-me a graça de viver a vida de novo, de modo que eu possa preparar-me, no final, para encontrar meus entes queridos em ti. Eis o que te peço, ó Cristo, nosso Senhor. Amém.

Oração em tempo de traição

Ó Senhor Jesus Cristo, em tua vida enfrentaste a traição e também a ausência de teus apóstolos, que te deixaram só na hora da precisão. Sabias que eles te abandonariam, sabias também que eles voltariam e rezaste por eles para nos sustentarem em nossa fé depois de sua volta.

Senhor, neste tempo me sinto traído e abandonado. Recorro a ti em busca de consolo e esperança e da vontade de ir em frente. Envia-me teu Espírito Santo para me recordar que tempos melhores virão e que serei capaz de entender a fraqueza humana daqueles que frustraram minha confiança. Ajuda-me, Senhor, para lhes perdoar como perdoaste aos apóstolos e a todos que te ofendem. Que venham a meu coração as palavras: "Pai, perdoa-lhes, porque não sabem o que fazem". Amém.

Oração para quem caiu em pecado

Ó Senhor Jesus Cristo, como Judas e os demais apóstolos, eu pequei gravemente contra ti. Sinto vergonha, humilhação, fui derrotado por minha fraqueza e incapacidade de seguir teu plano divino apresentado no Evangelho. Talvez seja por causa de minha negligência e falta de preocupação de seguir-te fielmente em minha vida. Assiste-me, ó Senhor, eu te peço, nesta hora de trevas. Ajuda-me a aprender, com minhas próprias quedas, a pagar o preço que a justiça exige e voltar, calma e pacificamente, a uma vida de discípulo que pode permanecer não reconhecido pelos outros. Eis o que te peço, ó Cristo, meu Senhor. Amém.

Stabat Mater

Estava a Mãe dolorosa,
junto da cruz, lacrimosa,
enquanto Jesus sofria.

Uma longa e fria espada,
nessa hora atribulada,
o seu coração feria.

Oh, quão triste e quão aflita
padecia a Mãe bendita,
entre blasfêmias e pragas,
ao ver o Filho amado,
de pés e braços pregados,
sangrando das cinco chagas!

Quem é que não choraria,
ao ver a Virgem Maria,
rasgada em seu coração,
sem poder em tal momento,

conter as fúrias do vento
e os ódios da multidão?

Firme e heroica em seu posto,
viu Jesus pendendo o rosto,
soltar o alento final.

Ó Cristo, por vossa Mãe,
que é nossa Mãe também,
dai-nos a palma imortal.

Maria, fonte de amor,
fazei que, em vossa dor,
convosco eu chore também.

Fazei que meu coração
seja todo gratidão
a Cristo de quem sois Mãe.

De vosso olhar vem a luz
que me leva a ver Jesus
em sua imensa agonia.

Convosco, ó Virgem, partilho
das penas de vosso Filho,
em quem minha alma confia.

Mãos postas, a vossa beira,
saiba eu, a vida inteira,
guiar por vós meus passos.

E, quando a noite vier,
eu me sinta adormecer
no calor de vossos braços.

Virgem das Virgens, Rainha,
Mãe de Deus, Senhora minha,
chorar convosco é rezar.
Cada lágrima chorada
Lembra uma estrela tombada
do fundo de vosso olhar.

No Calvário, entre martírios,
fostes o Lírio dos lírios,
todo orvalhado de pranto.

Sobre o ódio que o matava,
fostes o amor que adorava
o Filho três vezes Santo.

A cruz do Senhor me guarde,
de manhã até a tarde,
minha alma contrita.

E, quando a morte chegar,
que eu possa ir repousar
a sua sombra bendita.

V: Rogai por nós, Virgem dolorosa,
R: para que sejamos dignos das promessas de Cristo.

(Frei Jacopone Da Todi)

Hino ao Espírito Santo

(*Veni Sancte Spiritus*)

Espírito de Deus,
enviai dos céus
um raio de luz!

Vinde, Pai dos pobres,
dai aos corações
vossos sete dons.

Consolo que acalma,
hóspede da alma,
doce alívio, vinde!

No labor descanso,
na aflição remanso,
no calor aragem.

Enchei, luz bendita,
chama que crepita
o íntimo de nós!

Sem a luz que acode,
nada o homem pode,
nenhum bem há nele.

Ao sujo lavai,
ao seco regai,
curai o doente.

Dobrai o que é duro,
guiai no escuro,
o frio aquecei.

Dai a vossa Igreja,
que espera e deseja,
vossos sete dons.

Dai em prêmio ao forte
uma santa morte,
alegria eterna. Amém.

(Cardeal Estevão Langton,
Arcebispo de Cantuária)

Oração de reparação pelos que causaram uma catástrofe

Querido Jesus, do mal que causei a meu redor peço-te que tires o bem. Ouso até te pedir: tira um bem maior do que haveria se eu não tivesse feito o mal. Peço-te isso humildemente, em minha pequenez, batendo no peito e dizendo minha culpa, com o coração contrito, reconhecendo minha falta. Peço-te isso com imensa confiança, reconhecendo vossa misericórdia e o preço sem limites que pagaste por minha redenção e a redenção de todos os que amo e todos os que ofendi. Faze reparação em mim e ao redor de mim. Eu gostaria de fazê-lo, mas não posso. Tu mesmo o farás por causa de minha imensa confiança em vós.

Oração da serenidade

Concede-me, Senhor, a serenidade necessária para aceitar as coisas que não posso modificar, coragem para modificar as que eu posso e sabedoria para distinguir umas das outras – vivendo um dia de cada vez, desfrutando um momento de cada vez, aceitando as dificuldades como um caminho para alcançar a paz, considerando o mundo pecador como ele é, e não como eu gostaria que ele fosse, confiando em Deus para endireitar todas as coisas, para que eu possa ser moderadamente feliz nesta vida e sumamente feliz contigo na eternidade. Amém.

(Atribuída a Reinhold Niebuhr)

Aprender com Cristo

Ensina-me, meu Senhor, a ser bondoso e gentil em todos os acontecimentos da vida: nas decepções, nas faltas de consideração dos outros, na insinceridade daqueles em quem eu confiava, na infidelidade daqueles em que eu me apoiava. Ajuda-me a me pôr de lado, para pensar na felicidade dos outros, para ocultar minhas pequenas dores e tristezas, de modo que eu seja o único a sofrê-las. Ensina-me a aproveitar do sofrimento que me acontece na caminhada. Ajuda-me a usá-lo de modo que me amadureça e não me torne endurecido e amargurado, que me torne paciente e não irascível, que me faça generoso em meu perdão, não rigoroso, arrogante e dominador. E, enquanto eu passo de uma ocupação a outra, que eu murmure uma palavra de amor a ti. Que minha vida seja vivida no sobrenatural, cheia de força para o bem e forte no propósito da santidade.

Oração de uma alma confiante

Senhor, eu te ofereço todos os meus pensamentos, todas as palavras e ações deste dia. Preserva-me dos motivos egoísticos. Dá-me sabedoria, coragem e perseverança para escolher tua vontade em vez da minha, em todas as circunstâncias deste dia. Derrama sobre mim a tua graça, para que eu possa revelar tua bondade a todos que eu encontrar, sejam quais forem as circunstâncias. Ensina-me a colocar Deus em primeiro lugar, os outros depois e a mim em último lugar. Ensina-me a ouvir muito e a falar pouco. Que eu sempre aceite tua providência divina como minha mestra e guia, com todas as suas alegrias e todos os seus sofrimentos. Minhas lágrimas sejam sempre lágrimas de alegria e minhas orações incluam sempre os outros. Que minha obediência seja a medida de minha confiança. Que seja sempre a paz de Cristo a guiar meu coração. Amém.

Pelos mortos

Deus, nosso Pai, ouvi as nossas preces! Sede misericordioso para com todos os vossos filhos que chamastes deste mundo. Dai-lhes a felicidade, a luz e a paz!

Que encontrem o vosso perdão que sempre suplicaram.

Não permitais que sofram aqueles que creram em vós. Que a sua vida não seja tirada, mas transformada. Concedei-lhes que, tendo participado da morte do Cristo pelo Batismo, participem igualmente de sua ressurreição. Fazei brilhar para eles aquele dia em que Jesus vai ressuscitar os mortos, tornando o nosso pobre corpo semelhante ao seu corpo glorioso.

Senhor, acolhei todos os nossos falecidos no banquete do vosso Reino.

Nós nos unimos a eles, esperando também, um dia, saciar-nos plenamente da vossa glória, quando enxugardes toda a lágrima dos nossos olhos.

Então, contemplando-vos como sois, seremos para sempre semelhantes a vós e cantaremos juntos sem cessar os vossos louvores.

Tudo isso vos pedimos por Jesus Cristo, vosso Filho e nosso Senhor, e unidos pelo mesmo Espírito Santo. Amém.

Oração daqueles que cuidam dos doentes

(J. Galot)

Jesus, vós vos deixastes comover por todas as dores humanas, por todas as enfermidades, por todas as doenças.

Jamais passastes ao lado de um infeliz sem desejar consolá-lo e libertá-lo de seu mal.

Senhor, fonte de caridade, fazei que nossa dedicação aos doentes não resulte simplesmente de uma simpatia humana, mas de uma autêntica caridade cristã.

Colocai em nosso coração vosso próprio amor, a fim de que amemos o próximo como vós nos amastes.

Que a força divina de vossa caridade nos eleve acima de nossas emoções, de nossas preferências, de nossas repugnâncias e que nos ligue aos doentes com mais constância e generosidade.

Que ela nos faça capazes de amar e de cuidar alegremente, por amor de vós, daqueles que nos desagradam.

Que ela nos ajude a dominar nossa impaciência, a não colocar limites ao nosso espírito de serviço.

Por vossa caridade, fazei que amemos do mais profundo do nosso coração, e que os doentes possam sentir em nosso amor a grandeza e a beleza do vosso amor. Amém.

Oração do doente

Senhor, de vós eu recebi o dom da vida.

Sempre me destes força para que pudesse realizar minha missão sobre a terra.

Agora, Senhor, sinto-me doente e enfraquecido.

Estou percebendo que já não sou assim tão importante, que o mundo e os homens continuam a caminhar sem a minha contribuição.

Às vezes, sinto-me até inútil e pesado para aqueles que se preocupam comigo.

Estou experimentando na carne a fragilidade de minha vida terrena e devo confessar que sinto medo.

Senhor, tende piedade de mim.

Senhor, eu creio que passastes por esta experiência quando vivestes entre nós e tivestes de enfrentar a morte.

Creio também que ressuscitastes e que, em vosso Corpo glorioso, está a certeza de que posso vencer todas as limitações de meu próprio corpo.

Senhor, ficai comigo neste momento de dor.

Iluminai-me com a vossa Palavra, para que eu não perca a esperança nem a vontade de viver.

Fazei-me participar de vossa vitória sobre a dor e sobre a morte, devolvendo-me a saúde para que possa retomar as minhas atividades.

Alimentai-me com o vosso amor, para que consiga fazer deste tempo uma oferta generosa, que, unida ao vosso Sacrifício, sirva para a minha salvação e para a salvação de muitos irmãos. Enfim, ajudai-me a dizer convosco, com sinceridade e alegria: Pai, seja feita a vossa vontade, assim na terra como no céu. Amém.

Oração em tempo de tribulação e calamidade

Nós estamos sofrendo, Senhor! Nesta hora de angústia e calamidade, em que vemos sobre nós e sobre os que amamos a ameaça da tribulação, percebemos como somos fracos e sem poder para superar o mal. Somos fracos até para compreender como e por que permitis que vossas criaturas, vossos filhos passem por este sofrimento.

Só vós podeis nos livrar, só vós podeis nos esclarecer e nos confortar!

Eterno Pai, pelo sangue de Jesus Cristo, misericórdia! Assinalai-nos com o sangue do Cordeiro Imaculado, Jesus Cristo, como assinalastes o vosso povo de Israel, para o livrardes da morte. E vós, ó Maria, Mãe de Misericórdia, aplacai a Deus, pedi-lhe por nós e alcançai-nos a graça que pedimos!

Glória ao Pai...

Eterno Pai, pelo sangue de Jesus Cristo, misericórdia! Salvai-nos do naufrágio do mundo, como salvastes Noé do dilúvio universal. E vós, ó Maria, Arca da Aliança, aplacai a Deus, pedi-lhe por nós e alcançai-nos a graça que pedimos!

Glória ao Pai...

Eterno Pai, pelo sangue de Jesus Cristo, misericórdia! Livrai-nos dos flagelos que temos merecido, como livrastes a Lot do incêndio de Sodoma. E vós, ó Maria, Advogada nossa, aplacai a Deus, pedi-lhe por nós e alcançai-nos a graça que pedimos!

Glória ao Pai...

Eterno Pai, pelo sangue de Jesus Cristo, misericórdia! Consolai-nos nas atuais necessidades e tribulações, como consolastes a Jó, Ana e Tobias, nas suas aflições. E vós, ó Maria, Consoladora dos Aflitos, aplacai a Deus, pedi-lhe por nós e alcançai-nos a graça que pedimos!

Glória ao Pai...

Eterno Pai, pelo sangue de Jesus Cristo, misericórdia! Dai-nos força e coragem para enfrentar os perigos e sofrimentos que nos ameaçam, como fortalecestes com o maná o vosso povo que atravessava o deserto. E vós, ó Maria, Auxílio dos cristãos, aplacai a Deus, pedi-lhe por nós e alcançai-nos a graça que pedimos!

Glória ao Pai...

Eterno Pai, pelo sangue de Jesus Cristo, misericórdia! Iluminai as nossas inteligências, a fim de encontrarmos a melhor solução para os problemas, como instruístes os santos apóstolos com as luzes do vosso Espírito. E vós, ó Maria, Mãe do Bom Conselho, aplacai a Deus, pedi-lhe por nós e alcançai-nos a graça que pedimos!

Glória ao Pai...

Eterno Pai, pelo sangue de Jesus Cristo, misericórdia! Vós não quereis a morte do pecador, mas sim que se converta e viva; dai-nos tempo de fazer penitência, a fim de que, arrependidos de nossos pecados, vivamos santamente. E vós, ó Maria, Refúgio dos Pecadores, aplacai a Deus, pedi-lhe por nós e alcançai-nos a graça que pedimos!

Glória ao Pai...

Eterno Pai, nós vos oferecemos o sangue de Jesus em desconto dos nossos pecados, pelas necessidades da santa Igreja, pela conversão dos pecadores. Imaculada Virgem Maria, Mãe de Deus, rogai por nós, por N.... e por todos.

Jesus e Maria, confiamos em vós! Amém.

Na hora do sofrimento

Ó Pai, vede os sofrimentos de vossos filhos. Vede o momento difícil pelo qual passamos. Pai, é chegada a hora. Glorificai vossos filhos, sustentando nossa fraqueza, para que também vos glorifiquemos manifestando vosso poder. Pai, se for possível, afastai de nós este cálice. Mas nosso entendimento não penetra vosso plano de amor e, se for conforme a vossa vontade, se temos de beber este cálice de amargura, ajudai-nos com a força de vossa graça, para que possamos repetir, não só com os lábios, mas também com o coração, a oração de Jesus no Horto das Oliveiras: "Faça-se como vós quereis, não como nós queremos".

Muitas vezes somos perseguidos, humilhados, injustiçados. Dai-nos perceber que o discípulo não é maior que o Mestre e que Cristo revive em nós os mistérios de sua paixão redentora. Ajudai-nos a superar todo ressentimento e a rezar como vosso Filho na cruz: "Pai, perdoai-lhes!"

Sabemos que vosso plano de amor muitas vezes nos coloca na cruz. Que ele se realize em nós, para que possamos repetir confiantes a última oração de vosso Filho: "Em vossas mãos, ó Pai, entrego o meu espírito" e, assim esperar, tranquilos, que vosso poder se manifeste na glória de nossa ressurreição. Amém.

Ato de resignação

Senhor, meu Deus, desde já aceito de vossa mão, resignado e contente, conforme vos aprouver, todo e qualquer gênero de morte, com todas as suas angústias, penas e dores. Porque ressuscitastes vosso Filho Jesus dentre os mortos, eu me entrego em vossas mãos paternais e espero de vossa misericórdia ser revestido de imortalidade e acolhido em vosso reino eterno. Amém.

Citações da Bíblia para meditação

"Não se perturbe vosso coração! Vós credes em Deus, crede em mim também. Na casa de meu Pai há muitas moradas. Se não, eu vo-lo teria dito; vou preparar-vos um lugar. Depois de ter ido e vos ter preparado um lugar, voltarei e vos tomarei comigo, para que, onde eu estiver, vós estejais também. E vós conheceis o caminho do lugar para onde vou." Tomé lhe disse: "Senhor, não sabemos para onde vais; como podemos saber o caminho?" Jesus respondeu-lhe: "Eu sou o caminho, a Verdade e a Vida. Ninguém chega ao Pai senão por mim. Se me conheceis, conhecereis também a meu Pai; desde agora o conheceis, porque o vistes" (Jo 14,1-7).

* * * * *

Muitas angústias e males me fizestes provar;
tornareis a dar-me vida,

e dos abismos da terra me fareis subir de novo.
Aumentareis minha grandeza
e me consolareis novamente (Sl 71,20-21).

* * * * *

Coragem, meus filhos, gritai a Deus e Ele vos libertará da opressão, do poder de vossos inimigos. Pois eu espero do Eterno vossa salvação. Do Santo me vem alegria, pela misericórdia que em breve vos chegará do Eterno, vosso Salvador. Eu vos vi partir entre gemidos e prantos, mas Deus vos reconduzirá a mim com alegria e júbilo, para sempre (Br 4,21-23).

* * * * *

Em verdade, em verdade, eu vos digo: vós chorareis e vos lamentareis, enquanto o mundo se alegrará. Vós estareis na tristeza, mas vossa tristeza se converterá em alegria. A mulher, quando está para dar à luz, entristece-se porque é chegada sua hora; mas, depois de ter dado à luz a criança, não se lembra mais das dores, pela alegria de ter nascido um ser humano no mundo. Assim, também vós agora estais tristes; mas eu vos verei de novo, e vosso coração se alegrará, e ninguém vos poderá tirar vossa alegria (Jo 16,20-22).

* * * * *

Nisto ouvi uma voz forte, vinda do trono, que dizia: "Esta é a morada de Deus com os homens. Ele habitará com eles; eles serão seu povo, e ele será o Deus-com-eles. Ele enxugará toda lágrima de seus olhos e não haverá mais morte, nem luto, nem dor, pois o mundo antigo já passou" (Ap 21,3-4).

* * * * *

Felizes os que choram, porque Deus os consolará (Mt 5,4).

* * * * *

E agora, assim diz Javé que te criou, ... que te modelou ...: "Não temas; eu te resgatei, eu te chamei pelo nome, tu és meu. Quando atravessares as águas, eu estarei contigo: a correnteza não te afogará; quando passares pelo fogo, não te queimarás, a chama não te abrasará. Pois eu sou Javé, teu Deus, o Santo ..., teu salvador. ... Porque vales muito a meus olhos, porque és precioso e eu te amo, dou homens em troca de ti e povos, em lugar de tua vida. Não temas, pois estou contigo" (Is 43,1-4).

* * * * *

Eu conheço os projetos que fiz a vosso respeito – oráculo de Javé – projetos de paz e não de aflição, para vos conceder um futuro cheio de esperança. Vós me invocareis e vireis rogar-me, e eu vos ouvirei; vós me procurareis e me achareis, porque me procurareis com todo o vosso coração; eu me deixarei encontrar por vós – oráculo de Javé (Jr 29,11-14).

* * * * *

Por isso estais cheios de alegria, embora seja preciso, por algum tempo ainda, enfrentar várias provações, a fim de que o valor de vossa fé – muito mais preciosa que o ouro perecível, que se comprova pelo fogo – redunde em vosso louvor, glória e honra, quando Jesus Cristo se revelar. Vós o amais, sem o terdes visto; apesar de não o terdes visto ainda, credes nele e exultais com alegria inefável e gloriosa, enquanto alcançais a meta de vossa fé, vossa salvação pessoal (1Pd 1,6-9).

* * * * *

Na conversão e na calma estará vossa salvação; na serenidade e na confiança estará vossa força (Is 30,15).

* * * * *

Parai e reconhecei que eu sou Deus (Sl 46,11).

* * * * *

Vinde a mim, vós todos que estais cansados e oprimidos, e eu vos darei descanso! Tomai sobre vós meu jugo e aprendei comigo, porque sou manso e humilde de coração, e achareis descanso para vossas almas, porque meu jugo é suave e meu peso, leve (Mt 11,28-30).

* * * * *

Se, portanto, ressuscitastes com Cristo, buscai as coisas do alto, onde Cristo está sentado à direita de Deus. Pensai nas coisas lá de cima, não nas da terra (Cl 3,1-2).

* * * * *

Entrega a Javé teu futuro, espera nele, que Ele vai agir (Sl 37,5).

* * * * *

Tudo posso naquele que me dá força (Fl 4,13).

* * * * *

Sabemos que tudo concorre para o bem dos que amam a Deus (Rm 8,28).

* * * * *

Não te deixes vencer pelo mal, mas vence o mal com o bem (Rm 12,21).

* * * * *

Mas esse tesouro, nós o trazemos em vasos de barro, para que se manifeste que esse extraordinário poder pertence a Deus e não vem de nós. Somos oprimidos de todos os lados, mas não esmagados; angustiados, mas não desesperados; perseguidos, mas não abandonados; abatidos, mas não aniquilados. Trazemos sempre e por toda parte os sofrimentos mortais de Jesus, a fim de que também a vida de Jesus se manifeste em nosso corpo. De fato, embora estejamos vivos, somos constantemente entregues à morte por causa de Jesus, a fim de que também a vida de Jesus se manifeste em nossa carne mortal. Assim, a morte faz sua obra em nós, e a vida em vós.

Mas, possuindo esse mesmo espírito de fé, do qual diz a Escritura: "Acreditei, por isso falei", nós também acreditamos e é por isso que falamos, sabendo bem que Aquele que ressuscitou o Senhor Jesus nos ressuscitará também a nós com Jesus e nos colocará perto dele, junto convosco. Pois tudo isso é para vós, a fim de que uma graça mais abundante por meio de mais pessoas faça aumentar a ação de graças para a glória de Deus.

Por isso não desanimemos. Pelo contrário, embora nosso homem exterior caminhe para a ruína, o homem interior se renova dia a dia. Sim, a leve tribulação passageira nos obtém, além de toda medida, um peso eterno de glória. Pois não olhamos para as coisas visíveis, mas para as invisíveis; com efeito, as coisas visíveis duram pouco, e as invisíveis são eternas.

Sabemos, com efeito, que, se esta tenda de nossa morada terrestre vier a ser destruída, temos uma casa que é obra de Deus, uma morada eterna, que não é feita por mão humana e que está nos céus. Por isso nós gememos nessa condição, ardentemente desejando vestir, por cima desta, nossa habitação celeste, contanto que, embora despojados, não sejamos achados nus. Sim, nós que estamos nesta tenda, gememos angustiados; de fato, não queremos ser despidos, mas sim vestir por cima, a fim de que o que é mortal seja absorvido pela vida. E quem nos fez para esse destino é Deus, que nos deu o penhor do Espírito.

Assim, pois, sempre confiamos plenamente, mesmo sabendo que, enquanto moramos neste corpo, vivemos exilados, longe do Senhor, pois caminhamos na fé e não na clara visão (2Cor 4,7–5,7).

Salmo 51 *(Miserere)*

Tende piedade, ó meu Deus, misericórdia!
Na imensidão de vosso amor, purificai-me!
Lavai-me todo inteiro do pecado
e apagai completamente minha culpa!

Eu reconheço toda a minha iniquidade,
meu pecado está sempre a minha frente.
Foi contra vós, só contra vós, que eu pequei
e pratiquei o que é mau a vossos olhos!

Mostrais assim quanto sois justo na sentença,
e quanto é reto o julgamento que fazeis.
Vede, Senhor, que eu nasci na iniquidade
e pecador já minha mãe me concebeu.

Mas vós amais os corações que são sinceros,
na intimidade me ensinais sabedoria.
Aspergi-me e serei puro do pecado,
e mais branco do que a neve ficarei.

Fazei-me ouvir cantos de festa e de alegria,
e exultarão estes meus ossos que esmagastes.
Desviai vosso olhar de meus pecados
e apagai todas as minhas transgressões.

Criai em mim um coração que seja puro,
dai-me de novo um espírito decidido.
Ó Senhor, não me afasteis de vossa face,
nem retireis de mim vosso Santo Espírito!

Dai-me de novo a alegria de ser salvo
e confirmai-me com espírito generoso!
Ensinarei vosso caminho aos pecadores,
e para vós se voltarão os transviados.

Da morte como pena libertai-me,
e minha língua exaltará vossa justiça!
Abri meus lábios, ó Senhor, para cantar,
e minha boca anunciará vosso louvor!

Pois não são de vosso agrado os sacrifícios,
e, se oferto um holocausto, o rejeitais.
Meu sacrifício é minha alma penitente,
não desprezeis um coração arrependido!

Salmo 88

A vós clamo, Senhor, sem cessar, todo o dia,
e de noite se eleva até vós meu gemido.
Chegue a minha oração até a vossa presença,
inclinai vosso ouvido a meu triste clamor!

Saturada de males se encontra a minh'alma,
minha vida chegou junto às portas da morte.
Sou contado entre aqueles que descem à cova,
toda gente me vê como um caso perdido.

O meu leito já tenho no reino dos mortos,
como um homem caído que jaz no sepulcro,
de quem mesmo o Senhor se esqueceu para sempre
e excluiu por completo da sua atenção.

Ó Senhor, me pusestes na cova mais funda,
nos locais tenebrosos da sombra da morte.
Sobre mim cai o peso do vosso furor,
vossas ondas enormes me cobrem, me afogam.(...)

Quanto a mim, ó Senhor, clamo a vós na aflição,
minha prece se eleva até vós desde a aurora.
Por que vós, ó Senhor, rejeitais a minh'alma?
E por que escondeis vossa face de mim?
Moribundo e infeliz desde o tempo da infância,
esgotei-me ao sofrer sob o vosso terror.

Leituras para meditação

A Agonia no Horto

(Gerald Vann, O.P.)

A história da humanidade é de amor. É a história de como o ser humano foi feito por Deus e para Deus, mas, depois, tornou-se afastado de Deus; enfim, após muitas lutas e muito sofrimento, retornou de novo para Deus, para ser feliz novamente no final.

E o clímax dessa história começa em um jardim, no Getsêmani, porque é aí que principiam aqueles fatos que chamamos de Paixão de Nosso Senhor, os acontecimentos que nos possibilitam, aqui e agora, encontrar nosso caminho para Deus. E, assim, esses eventos têm um duplo caráter. Você pode vê-los simplesmente como os resultados de outros fatos da história: os efeitos do ódio dos escribas e sacerdotes, dos medos de Pilatos; mas, por outro lado, você pode vê-los por aquilo que eles são em si mesmos e para nós: pode vê-los como a luta contra as trevas, a vitória sobre o mal, o retorno à vida. E nesse sentido eles são o cumprimento de todos os sonhos da humanidade: fazem o que o coração humano sempre desejou e sempre deve desejar fazer.

"Então Jesus chegou a um lugar chamado Getsêmani."

Começamos pela Agonia no Horto: o que tem ela a nos dizer sobre nossa vida, nossa luta pessoal, nossos sofrimentos e pecados?

A primeira coisa que nos diz é uma espécie de conforto. E Ele rezou: "Pai, se for possível, afasta de mim este cálice". Foi para isso, foi para beber esse cálice, que Ele veio à terra; agora, porém, Ele reza pedindo que possa ficar sem bebê-lo. Reza para ser libertado de seu destino.

Às vezes, pensamos que os santos viveram em um mundo bem distante do nosso, como se estivessem livres de nossas lutas, tensões e nossos medos, como se pudessem dispensar familiares e amigos, sim, e a vida também, sem uma luta, sem qualquer retração ou amargura. Como estamos enganados! "Pai, afasta de mim este cálice. ... E seu suor tornou-se semelhante a gotas de sangue. Pai, se for possível..."

Seja qual for o sentido da santidade, ela não pode significar que devamos tomar cada dor, cada sofrimento como se não fosse nenhuma dor nem sofrimento. "Minha alma está em uma tristeza mortal..."

O que mais quer dizer santidade? Continua ele: "Mas não se faça a minha, mas a tua vontade". Santidade não é uma questão de sentimento, mas sim de vontade. "Faça-se a tua vontade." Dizemos isso tantas vezes; se pudéssemos dizê-lo sem reservas, de todo o coração, seríamos santos.

Um santo pode ter medo de seu destino e querer escapar dele, pode rezar para ficar livre dele; pode ficar aflito por causa dele. Mas, porque ele é santo, coloca todos os seus medos, suas orações e seus sofrimentos nas mãos de Deus; "não se faça a minha vontade, mas a tua". E é fazendo isso que ele mostra o quanto ama a Deus; é porque ele age assim que ele se torna um instrumento perfeito para os planos de Deus, torna-se cheio de força, uma força que pode ajudar a salvar e curar o mundo. Pois a única coisa que pode curar o mundo é o amor.

O mal produz suas inelutáveis consequências, e o mundo está saturado de dor; mas, em todo ponto e tempo e espaço, onde a dor tem seu reino, há também as lágrimas de Deus, e, mais cedo ou mais tarde, por meio das lágrimas, a alma do mundo é renovada.

A Pessoa que é um "Próximo"

(Papa João Paulo II)

A parábola do Bom Samaritano pertence ao Evangelho do sofrimento. Ela indica, de fato, qual deve ser a relação de cada um de nós para com o próximo que sofre. Não nos é permitido *passar adiante*, com indiferença; mas devemos *parar* junto dele. Bom Samaritano é todo o homem que se detém junto ao sofrimento de outro homem, seja qual for o sofrimento. Parar, nesse caso, não significa curiosidade, mas disponibilidade. Esta é como o abrir-se de uma disposição interior do coração, que também tem sua expressão emotiva. Bom Samaritano é todo o homem sensível ao sofrimento de outrem, o homem que *se comove* diante da desgraça do próximo. Se Cristo, conhecedor do íntimo do homem, põe em realce essa comoção, quer dizer que ela é importante para todo o nosso modo de comportar-nos diante do sofrimento de outrem. É necessário, portanto, cultivar em si próprio essa sensibilidade do coração, que se demonstra na compaixão por quem sofre. Por vezes, ela acaba por ser a única ou a principal expressão de nosso amor e de nossa solidariedade com o homem que sofre.

O Bom Samaritano da parábola de Cristo não se limita, todavia, à simples comoção e compaixão. Estas transformam-se, para ele, em um estímulo para as ações que tendem a prestar ajuda ao homem ferido. Bom Samaritano, portanto, é, afinal, todo aquele que presta ajuda no sofrimento, seja qual for a sua espécie; uma ajuda, quando possível, eficaz. Nela põe todo o seu coração, sem poupar nada, nem sequer os meios materiais. Pode-se dizer mesmo que se dá a si próprio, seu próprio *eu*, ao outro. Tocamos aqui um dos pontos-chave de toda a antropologia cristã. O homem *não pode encontrar sua própria plenitude a não ser no dom sincero de si mesmo* (*Gaudium et Spes*, 24). Bom Samaritano é o homem capaz, exatamente, de um tal dom de si mesmo.

Seguindo a parábola evangélica, poder-se-ia dizer que o sofrimento, presente em nosso mundo humano sob tantas formas diversas, também aí está presente para desencadear no homem o amor, precisamente esse dom desinteressado do próprio *eu* em favor dos outros homens, dos homens que sofrem. O mundo do sofrimento humano almeja sem cessar, por assim dizer, outro mundo diverso: o mundo do amor humano; aquele amor desinteressado que vem do coração e transparece nas ações da pessoa que sofre; amor este que se deve, aliás, em certo sentido ao sofrimento. O homem que é o *próximo* não pode passar com indiferença diante do sofrimento de outrem; e isso por motivo da solidariedade humana fundamental e em nome do amor ao próximo. Deve *parar, deixar-se comover*, como fez o Samaritano da parábola evangélica. Essa parábola, em si mesma, exprime uma verdade profundamente cristã e, ao mesmo tempo, muitíssimo humana universalmente. Não é sem motivo que até na linguagem corrente se designa obra de *bom samaritano* qualquer atividade em favor dos homens que sofrem ou precisam de ajuda.

(Carta Apostólica Salvifici Doloris: Sobre o Sentido Cristão do Sofrimento Humano, n. 28-29)

O Sofrimento, mais que qualquer outra coisa, torna presente o poder da Redenção

(Papa João Paulo II)

A fé na participação nos sofrimentos de Cristo traz consigo a certeza interior de que o homem que sofre "completa o que falta aos sofrimentos do mesmo Cristo" (Cl 1,24) e de que, na dimensão espiritual da obra da Redenção, serve, como Cristo, para a salvação de seus irmãos e suas irmãs. Portanto, presta-lhes um serviço insubstituível. No Corpo de Cristo, que cresce sem cessar a partir da Cruz do Redentor, precisamente o sofrimento, impregnado do espírito de Cristo, é o mediador insubstituível e autor dos bens indispensáveis para a salvação do mundo. Mais do que qualquer outra coisa, o sofrimento é aquilo que abre caminho à graça que transforma as almas humanas. Mais do que qualquer outra coisa, é ele que torna presentes na história da humanidade as forças da Redenção. Naquela luta *cósmica* que se trava entre as forças espirituais do bem e as do mal, de que fala a Carta aos Efésios (6,12), os sofrimentos humanos, unidos ao sofrimento redentor de Cristo, constituem um apoio particular às forças do bem, abrindo caminho à vitória destas forças salvíficas.[1]

(Carta Apostólica Salvifici Doloris: Sobre o Sentido Cristão do Sofrimento Humano, n. 27)

[1] Ibidem, n. 27.

O Sofrimento transformado por dentro

(Papa João Paulo II)

"Cristo fez do sofrimento a base mais sólida do bem definitivo, ou seja, do bem da salvação eterna."... Cristo guia a alma humana sofredora por meio de seu itinerário interior, ao lado de seu próprio sofrimento redentor na cruz, mas com a consolação do Espírito Santo e na companhia da Bem-aventurada Virgem. "Toda forma de sofrimento, regenerado pela virtude desta Cruz, de fraqueza do homem, torna-se poder de Deus."

Embora cada alma sofredora lide e reaja de modo diferente com sua cruz pessoal de sofrimento, muitos perguntam o "porquê", buscando para essa pergunta uma resposta em seu plano humano.

A resposta vem lentamente, a princípio de modo imperceptível, não como uma resposta realmente, mas como um chamado, uma vocação.

Por meio da própria dor humana e da angústia da alma, Cristo lhe pede sua disponibilidade para assumir essa cruz especial, convidando-a a participar em seu sofrimento redentor.

Esse "'sentido salvífico do sofrimento desce ao nível do homem' e torna-se, de algum modo, sua resposta pessoal. E é então que o homem encontra em seu sofrimento a paz interior e mesmo a alegria espiritual".

(Carta Apostólica Salvifici Doloris: Sobre o Sentido Cristão do Sofrimento Humano, n. 26)

FSC
www.fsc.org
MISTO
Papel produzido a partir de fontes responsáveis
FSC® C132240

A marca FSC® é a garantia de que a madeira utilizada na fabricação do papel deste livro provém de florestas que foram gerenciadas de maneira ambientalmente correta, socialmente justa e economicamente viável.

Este livro foi composto com as famílias tipográficas Albertus, Segoe e Trajan e impresso em papel Offset 75g/m² pela **Gráfica Santuário.**